I0067270

A. FERRET 1977

DES
MAUVAIS TRAITEMENTS

ENVERS LES

ANIMAUX DOMESTIQUES

ET DE LEUR RÉPRESSION

EXPLICATION DE LA LOI DU 2 JUILLET 1850

PAR N.-A. GUILBON

JUGE DE PAIX DU CANTON DE VILLEJUIF (SEINE)

AUTEUR

DU TRAITÉ DE LA POLICE DU ROULAGE
DU TRAITÉ DES RÈGLEMENTS ADMINISTRATIFS ET MUNICIPAUX
ET DU TRAITÉ DE LA POLICE JUDICIAIRE

Malitiis non est indulgendum

PARIS

CHEZ A. DURAND
Éditeur
7, RUE DES GRÈS

AU BUREAU
Des Annales des Justices de paix
27, RUE GUÉNÉGAUD

1862

DES

MAUVAIS TRAITEMENTS

ENVERS LES

ANIMAUX DOMESTIQUES

ET DE LEUR RÉPRESSION

C.

DES
MAUVAIS TRAITEMENTS

ENVERS LES

ANIMAUX DOMESTIQUES

ET DE L'EUR RÉPRESSION

EXPLICATION DE LA LOI DU 2 JUILLET 1850

PAR N.-A. GUILBON

JUGE DE PAIX DU CANTON DE VILLEJUIF (SEINE)

AUTEUR

DU TRAITÉ DE LA POLICE DU ROULAGE
DU TRAITÉ DES RÈGLEMENTS ADMINISTRATIFS ET MUNICIPAUX
ET DU TRAITÉ DE LA POLICE JUDICIAIRE

Malitiis non est indulgendum

PARIS

CHEZ A. DURAND
Éditeur
7, RUE DES GRÈS

AU BUREAU
Des Annales des Justices de paix
27, RUE GUÉNÉGAUD

1862

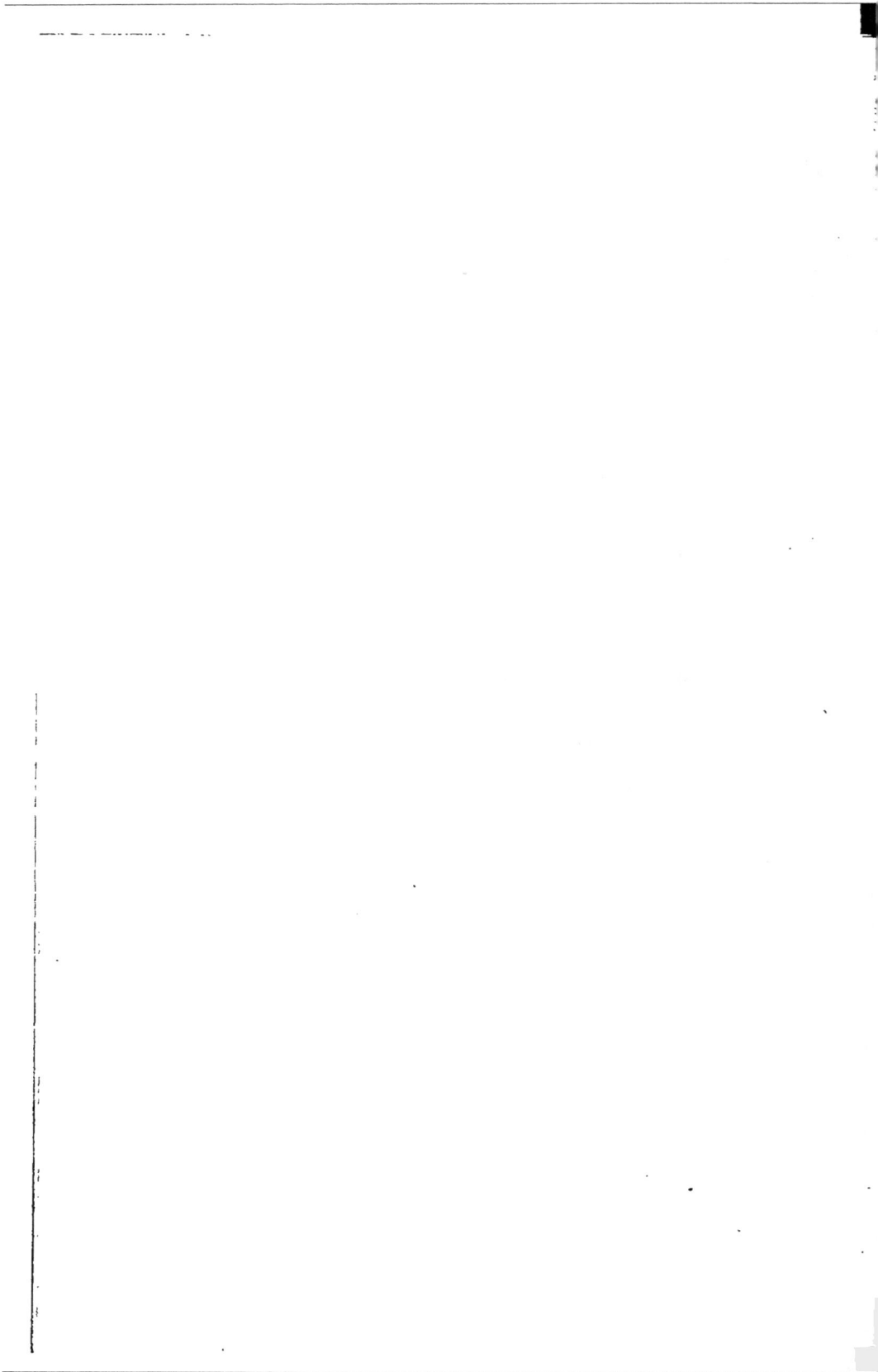

1. — La loi du 2 juillet 1850, qui réprime les mauvais traitements exercés sur les animaux domestiques, est due, tout le monde le sait, à la généreuse initiative de M. le général de Grammont, et, s'il était quelqu'un qui l'ignorât, l'appellation sous laquelle elle est universellement connue le lui apprendrait au besoin : le bon sens populaire l'a toujours désignée sous ce titre : *Loi Grammont*. Ç'a été là la récompense du digne général.

Tout en reconnaissant que l'article unique dont cette loi se compose n'est pas sans doute le dernier mot de la législation, car il est certains actes de méchanceté stupide ou de révoltante brutalité pour lesquels le maximum des pénalités de simple police peut, à bon droit, paraître insuffisant, nous ne sommes pas du nombre de ceux qui pensent que la loi ne deviendrait efficace qu'autant que tous les mauvais traitements seraient érigés en délits correctionnels.

S'il est vrai, et nous ne saurions le méconnaître, qu'à l'époque où nous sommes, la disposition dont il s'agit n'a point encore complétement atteint le but de protection que poursuivait le législateur de 1850, cela tient beaucoup moins, croyons-nous, au prétendu défaut de sévérité de la répression qu'aux hésitations de ceux-là mêmes qui sont chargés de la provoquer.

Si tous les propriétaires d'animaux, et ceux auxquels la garde et la conduite en sont confiées, étaient bien pénétrés de cette double vérité, à savoir que, sous le rapport des devoirs qu'il leur incombe de remplir, ils sont

en état de surveillance permanente, et que
tous mauvais traitements dont ils se rendent
coupables seront dénoncés à la justice, la
perspective d'une condamnation qui, même
pour une première infraction, peut s'élever
cumulativement à 15 fr. d'amende et à cinq
jours de prison; cette perspective, disons-
nous, les rappellerait, puisqu'il en est malheureusement besoin, aux sentiments de justice et de compassion dont l'homme ne devrait jamais se départir.

Il ne nous appartient pas de stimuler le
zèle et l'activité des agents de la police administrative ou judiciaire dans l'exercice de leur
surveillance : ce rôle n'est dévolu qu'à l'administration dont ils relèvent, et qui certes ne
saurait être taxée de négligence ; mais il nous
a semblé que, soit relativement à l'appréciation et à la constatation des faits punissables,
soit au point de vue de la répression dont ces
faits doivent être l'objet, une explication suc-
cincte, mais complète, de la loi de 1850, ne
serait pas dépourvue d'utilité.

Notre but est donc d'examiner dans les pages qui vont suivre :

Quelles sont les dispositions de la législation générale qui doivent être conférées avec la loi nouvelle ;

A quels animaux s'étend la protection de cette loi ;

Quels sont les actes qu'elle entend interdire en les déclarant punissables, et ce qu'on doit entendre par mauvais traitements abusifs ;

Quand existe la circonstance de publicité ;

Par qui les contraventions peuvent être recherchées, reconnues et constatées ;

Enfin, quelles sont les règles qui doivent être suivies pour la répression.

CHAPITRE Ier.

LÉGISLATION.

SECTION 1re. — LOI DU 2 JUILLET 1850.

2. — La loi du 2 juillet 1850 est ainsi conçue :

« Article unique. Seront punis d'une
« amende de 5 à 15 fr., et pourront l'être
« d'un à cinq jours de prison, ceux qui au-
« ront exercé publiquement et abusivement
« de mauvais traitements envers les animaux
« domestiques.

« La peine de la prison sera toujours ap-
« pliquée en cas de récidive.

« L'article 483 du Code pénal sera tou-
« jours applicable. »

3. — Il convient tout d'abord de rappro-
cher ce texte des lois antérieures qui déjà se

1.

sont occupées de protéger certains animaux contre la barbarie, la méchanceté, la malveillance ou même l'imprudence et la simple maladresse des hommes, mais moins dans l'intérêt de ces animaux eux-mêmes que pour faire respecter, en faveur de ceux auxquels ils appartiennent, les prérogatives du droit de propriété. Ces lois se distinguent donc de celle qui doit faire l'objet de notre examen en ce qu'elles sont principa 'ment destinées à garantir l'intérêt privé des individus, tandis que la disposition nouvelle a pour but de prévenir, dans la mesure du possible, la violation d'un principe essentiel d'humanité.

SECTION 2. — LOIS ANTÉRIEURES.

§ 1er. — *Mort ou blessures volontaires d'animaux appartenant à autrui.*

4. — Au premier rang se place l'article 452 du Code pénal, qui punit d'un emprisonnement d'un an à cinq ans et d'une amende de 16 fr. à 300 fr. le fait d'avoir *empoisonné* des chevaux ou autres bêtes de voiture, de monture ou de charge, des bestiaux à cornes, des moutons, chèvres ou porcs, ou des poissons dans des étangs, viviers ou réservoirs.

Les articles 453 et 455 du même Code punissent le fait d'avoir, sans nécessité, tué l'un des animaux mentionnés en l'article 452, d'une amende qui ne peut excéder le quart des restitutions et dommages-intérêts et dont le minimum est fixé à 16 fr., et, en outre, d'un emprisonnement dont la durée peut varier entre six jours et six mois, selon le lieu où l'acte a été commis, c'est-à-dire soit dans la propriété du maître de l'animal, soit dans celle du coupable, soit ailleurs.

Les articles 454 et 455 du même Code prévoient et répriment de la même amende, et d'un emprisonnement dont la durée doit être renfermée dans les mêmes limites, le fait d'avoir *tué*, sans nécessité, un animal domestique, mais seulement si l'acte a été commis dans un lieu dont a la propriété ou la jouissance le maître de l'animal.

Enfin, l'article 30 du titre 2 de la loi du 28 septembre-6 octobre 1791 porte : « Toute personne convaincue d'avoir, dè dessein prémédité, méchamment, sur le territoire d'autrui, *blessé* ou *tué* des bestiaux ou chiens de garde, sera condamné à une amende double de la somme du dédommagement. Le délinquant pourra être détenu un mois si l'animal n'a été que *blessé*, et six mois si l'animal est *mort* de sa blessure ou en est resté *estropié*. La détention pourra être du double si le délit a été commis la nuit, ou dans une étable, ou dans un enclos rural. »

On a soutenu que cette disposition de l'ancienne loi rurale se trouvait abrogée dans son entier par les articles 453 à 455 du Code pénal; mais c'est là bien évidemment une erreur, et il suffit de lire les textes pour reconnaître que le législateur de 1810 ne réprime que le meurtre des bestiaux ou animaux lorsqu'il est accompagné des circonstances exigées.

Il faut donc dire que l'article 30 de la loi de 1791, en tant qu'il s'appliquait au cas de mort, est abrogé par l'article 453 du Code pénal, qui, relativement aux animaux qu'il désigne, réprime ce fait dans quelque lieu qu'il se produise, et par l'article 454, qui punit le fait d'avoir tué un animal domestique dans un lieu dont celui à qui cet animal appartient a la jouissance ou la propriété, mais que ledit article 30 est resté en vigueur relativement aux blessures non suivies de mort qui ont été faites aux bestiaux ou chiens de garde dans les cas prévus, c'est-à-dire quand le délit a été commis sur le territoire d'autrui, et lorsque les blessures ont été faites méchamment, c'est-à-dire volontairement. Telle est d'ailleurs la doctrine que la Cour de cassation a sanctionnée dans un arrêt remarquablement motivé du 7 octobre 1844 (*Annales des justices de paix*, 1re série, t. 1er, p. 233, v° *Animaux*, n° 15.

5. — Cependant, l'article 30 de la loi de 1791 ne punissant que les blessures faites sur le terrain d'autrui aux animaux qui y sont spécifiés, l'article 453 du Code pénal n'étant relatif qu'au meurtre des animaux spé-cialement désignés en l'article 452, et l'article 454, le seul qui se soit occupé des animaux domestiques d'une manière générale, ne ré-primant le fait d'avoir tué un de ces animaux qu'autant qu'il a été commis dans la propriété du maître, deux cas peuvent se présenter qui ne sont réprimés aujourd'hui par aucun des articles que nous venons d'indiquer.

Premièrement. Un animal domestique au-tre que ceux dont s'est occupé l'article 453, un chien, par exemple, est *tué* volontaire-ment dans un lieu qui n'appartient pas au pro-priétaire de l'animal. Le fait ne rentre ni dans la disposition de l'article 453, qui ne com-prend pas les chiens dans sa nomenclature ; ni dans l'article 454, qui ne réprime le fait qu'autant qu'il a été commis sur le terrain de ce propriétaire ; ni dans l'article 30 de la loi de 1791, qui, comme nous l'avons dit, n'a conservé force et vigueur qu'à l'égard des blessures faites aux animaux.

Secondement. Un animal domestique ou autre est *blessé* volontairement dans un lieu qui appartient à l'auteur même des blessures. Le fait ne trouve sa répression ni dans les articles 453 et 454, qui ne prévoient que le cas de mort des animaux, ni dans l'article 30 de la loi rurale, dont l'application est restreinte au cas où l'animal a été blessé sur le terrain d'autrui.

Or, comme des animaux sont incontestablement une propriété mobilière, il en résulte que, dans l'une et l'autre de ces deux hypothèses, l'auteur de l'acte dommageable encourra l'amende prononcée par l'article 479 du Code pénal, car cet acte rentre nécessairement dans la disposition générale et complémentaire du n° 1 de cet article, portant : « Seront punis d'une amende de 11 à 15 fr. inclusivement : 1° ceux qui, hors les cas prévus depuis l'article 434 jusques et compris l'article 462, auront volontairement causé du dommage aux propriétés mobilières d'autrui. »

C'est dans ce sens qu'il faut entendre plusieurs arrêts de la Cour de cassation qui ont décidé :

1° Que le fait de *tuer* volontairement, et hors le cas de légitime défense, un chien appartenant à autrui, ailleurs que dans un lieu dont le propriétaire de l'animal a la jouissance ou la propriété, constitue la contravention prévue par l'article 479, n° 1er, du Code pénal. — Arrêt du 4 novembre 1848 (*Annales des justices de paix*, 1850, p. 112).

2° Qu'il en est de même de la mutilation d'un chien appartenant à autrui. — Arrêt du 18 août 1853 (*Journal du Palais*, 1856, t. II, p. 400).

6. — Le fait par un individu d'avoir, à l'aide d'une substance placée à dessein, empoisonné des vers à soie dans un lieu dont ceux à qui appartiennent ces animaux sont propriétaires, ne rentre pas dans l'incrimination de l'article 452, qui ne comprend pas les vers à soie dans sa nomenclature ; cela est hors de doute assurément. Mais constitue-t-il seulement la contravention que réprime l'article 479, n° 1er, du Code pénal, ou a-t-il le caractère du délit prévu par l'article 454 ? Cette dernière solution a été très-nettement consacrée par arrêt de la Cour suprême du 14 mars 1861 (*Annales des justices de paix*, 1861, p. 337), qui décide : 1° que sous la dénomination générale d'animaux domestiques l'article 454 du Code pénal comprend les êtres animés qui vivent, s'élèvent, sont nourris, se reproduisent sous le toit de l'homme et par ses soins ; que les vers à soie remplissent ces conditions, et doivent être considérés, dès lors, comme des animaux domestiques ; 2° que l'empoisonnement d'animaux de cette espèce par l'effet d'une substance placée, de dessein prémédité, à leur portée, pour les détruire, et qui leur a donné la mort, est un des modes de les *tuer* prévus et punis par ledit article.

7. – Le fait d'avoir *tué* des volailles appartenant à autrui tombe sous l'application de l'article 454 du Code pénal, si le fait a été commis dans un lieu dont celui auquel elles appartiennent est propriétaire, locataire, colon ou fermier, car les volailles sont nécessairement des animaux domestiques. Mais, si elles n'y ont été que blessées , cet article, non plus que l'article 30 de la loi rurale, qui ne s'occupe que des bestiaux et des chiens de garde, n'étant pas applicables, l'auteur du fait encourt les pénalités de l'article 479, n° 1er, du Code pénal.

Il en est de même si la mort a été donnée aux volailles dans un autre lieu ; et c'est ce qu'a jugé la Cour de cassation par deux arrêts, l'un du 17 août 1822 (*Journal du Palais*, t. XVII, p. 572), l'autre du 28 juillet 1855 (*Annales des justices de paix*, 1856, p. 39).

§ 2. — *Du droit exceptionnel de tuer les volailles, et des cas dans lesquels il peut être exercé.*

8. — Remarquons toutefois que l'article 12 du titre 2 de la loi du 28 septembre–6 octobre 1791, dans sa seconde disposition, accorde au propriétaire, détenteur ou fermier, le droit de tuer, *sur son terrain et seulement au moment du dégât,* les volailles, de quelque espèce qu'elles soient, qui lui causent du dommage. Celui donc qui, se renfermant dans les limites de cette disposition, tue ou blesse une ou plusieurs volailles appartenant à autrui, n'ayant fait qu'user d'un droit légitime, puisque la loi le lui confère, ne commet aucune contravention punissable.

Mais il faut bien prendre garde que la disposition dont il s'agit n'a été introduite au Code rural que dans l'intérêt de l'agriculture. Des termes dans lesquels elle est conçue comme de l'esprit qui l'a dictée il résulte qu'elle a pour but exclusif de protéger les exploitations rurales. La faculté qu'elle donne au propriétaire, locataire ou fermier, de se faire justice sur le lieu même et au moment où le dégât se commet, doit donc, comme toute disposition dérogatoire au droit commun, être réservée et restreinte aux cas que la loi détermine, et rester totalement étrangère à la police urbaine. C'est par application de ces principes que, par l'arrêt du 28 juillet 1855, précédemment cité, il a été décidé que le fait par un individu d'avoir *tué* dans son jardin, situé *dans l'intérieur d'une ville*, une poule appartenant à autrui, ne saurait trouver son excuse dans l'article 12, titre 2, de la loi de 1791, et constitue, dès lors, la contravention prévue par l'article 479, n° 1er, du Code pénal.

9. — La seconde disposition dudit article 12 s'applique-t-elle à la grosse volaille, telle que les dindons?

La négative a été consacrée par une décision de M. le juge de paix du canton de Sa-

ramon (Gers), du 12 juillet 1858, reproduite
au *Bulletin spécial des décisions des juges de
paix*, année 1860, p. 41 ; mais nous ne saurions adopter cette doctrine. La disposition
dont il s'agit ne distingue pas entre les volailles grosses ou petites, elle les comprend
toutes dans sa généralité, et pour qu'aucune
exception ne pût y être apportée, le législateur a eu le soin d'ajouter ces mots significa-
tifs : *de quelque espèce qu'elles soient*. Or,
les oies comme les poules, les dindons comme les autres oiseaux de basse-cour, sont
nécessairement compris dans la catégorie
des volaillles.

Du reste, cela résulte d'un arrêt de la
Cour de cassation, du 4 mars 1842 (*Annales
des justices de paix*, 1re série, t. II, p. 237,
vº *Délit rural*, nº 71), qui a décidé que le fait
d'avoir laissé divaguer à l'abandon des volailles sur le terrain d'autrui, prévu par la première disposition de l'article 12, titre 2, de la
loi du 28 septembre-6 octobre 1791, et qui
trouve encore aujourd'hui sa répression dans

les dispositions combinées de l'article 3 de la même loi, même titre, de l'article 605 du Code des délits et des peines du 3 brumaire an IV, et de l'article 2 de la loi du 23 thermidor an IV, comprend le fait d'y avoir laissé paître des oies.

10. — Le droit de tuer les volailles entraîne-t-il pour le propriétaire du terrain celui d'y placer à l'avance des substances empoisonnées afin de causer la mort de ces animaux qui s'y rendraient en état de divagation ?

Cette question est à la fois très-intéressante et fort controversée. On peut dire d'une part, et l'on dit en effet, qu'en accordant au propriétaire du terrain endommagé la faculté de *tuer* les volailles dévastatrices, la loi l'a armé d'un droit absolu de destruction, et n'a nullement limité les moyens à l'aide desquels il pourrait en jouir ; que les seules conditions auxquelles ce droit est subordonné sont : qu'il soit exercé au moment du dégât et sur le lieu même où il est causé, ce qui exclut nécessairement toute poursuite des animaux.

D'un autre côté, l'on soutient que le droit exceptionnel dont il s'agit doit être renfermé dans d'étroites limites, qui ne comportent assurément pas l'inoculation d'une maladie mortelle au moyen du poison. On ajoute qu'autrement il pourrait souvent arriver que les volailles mourussent on ne sait où et ailleurs que sur le champ même qu'elles auraient ravagé.

Bien que l'expression *tuer*, qu'emploie l'article 12, titre 2, de la loi de 1791, soit synonyme de celle-ci : *ôter la vie d'une manière violente,* nous inclinons à adopter la dernière de ces deux opinions. Car il nous semble plus que douteux que, quelque respectable que soit le principe de protection qui sert de base à la disposition dont il s'agit, le législateur, en l'édictant, ait eu en vue d'autoriser un cultivateur, par exemple, à préméditer froidement et avant tout dégât, en définitive, la mort de volailles appartenant à ses voisins et qui pourraient aller divaguer sur ses propriétés. L'exercice d'un tel droit ne serait souvent qu'un véritable abus, et la préservation des récoltes pourrait n'être qu'un prétexte pour servir des rancunes ou des inimitiés et pour légitimer un acte de méchanceté.

On sait d'ailleurs que celui auquel les volailles appartiennent ne cesse pas d'en avoir la propriété lorsqu'elles ont été tuées dans les conditions légales. Or, les empoisonner, c'est le priver de la possibilité de les utiliser, soit en les livrant au commerce, soit en en consommant lui-même la chair. D'un autre côté il nous répugue d'admettre comme licite le fait de placer sur un terrain des substances empoisonnées, par cela seul que l'absorption de ces substances a été faite par des volailles dévastatrices, tandis que ce fait deviendrait ou délictueux ou seulement illicite s'il avait déterminé soit la mort d'autres animaux, soit des accidents résultant de ce que la chair des bêtes mortes aurait été livrée à la consommation. Le seul intérêt de la santé publique et de la conservation des animaux auxquels le droit de tuer n'est pas applicable commanderait à lui seul d'interpréter ainsi l'article 12 de la loi rurale. C'est du reste ce qu'a fait un excellent jugement de notre honorable collègue de Nozay (Loire-Inférieure), du 16 mai 1862, inséré au *Bulletin spécial des décisions des juges de paix*, année 1862, p. 241.

11. — Ce que nous avons dit relativement au droit de tuer les volailles au moment où elles causent du dommage est applicable aux pigeons. En effet, l'article 2 de la loi du 4-11 août 1789, abolitive des droits féodaux, après avoir disposé que ces animaux devraient être renfermés aux époques fixées par les communautés (ce qui a lieu aujourd'hui par arrêtés des préfets ou des maires), ajoute que, durant ce temps, ils seront regardés comme gibier, et que chacun aura droit de les *tuer* sur son terrain.

Toutefois on voit que cette autorisation paraît n'être accordée que pour le temps où

les pigeons doivent être renfermés, et l'on
s'est demandé si, en l'absence d'un arrêté lo-
cal qui ait prescrit cette mesure, le propriétaire d'un terrain sur lequel des pigeons
causent du dommage a le droit de les
tuer. Or l'affirmative résulte d'un arrêt de la
Cour de cassation du 1er août 1829 (*Annales
des justices de paix,* 1re série, t. IV, p. 148,
v° *Pigeons,* n° 9), qui décide qu'en permet-
tant à chaque individu d'avoir des colom-
biers, l'article 2 du décret du 4 août 1789
autorise en même temps à tuer les pigeons
qui causent des dévastations; que, dans la
vue de prévenir l'abus de cette dernière faculté, ledit article charge les municipalités
de fixer les époques où il sera permis d'en
user; mais que, si les municipalités négli-
gent de déterminer ces époques, la faculté
n'est pas anéantie, car les propriétaires la
tiennent non de l'administration, mais de la
loi; que, dès lors, est à l'abri de toute poursuite et de toute condamnation l'individu qui
a tué sur son terrain des pigeons apparte-

nant à autrui au moment où ces pigeons mangeaient la graine qu'il avait semée dans ce terrain, et cela encore que l'administration municipale n'ait pris aucun arrêté pour fixer l'époque où ces animaux doivent être renfermés.

Cette doctrine est d'autant plus exacte que, si le propriétaire d'un terrain dévasté par des pigeons ne pouvait, à défaut d'un arrêté de police, invoquer le bénéfice de l'article 2 de la loi de 1789, il puiserait, croyons-nous, le droit de détruire ces animaux dans l'article 12, titre 2, de la loi de 1791, dont nous avons ci-dessus rapporté la disposition, laquelle, on l'a vu, s'applique aux volailles *de quelque espèce qu'elles soient*, expressions qui, dans leur généralité, comprennent les pigeons. C'est, du reste, ce qui nous paraît ressortir d'un arrêt du 14 février 1845 (*Journal du Palais*, 1845, t. II, p. 122), par lequel la Cour de Rouen a résolu la question dans le même sens que la Cour de cassation.

§ 3. — *Mort ou blessures involontaires.*

12. — Nous n'avons rapporté jusqu'ici que les dispositions des lois antérieures ne réprimant la mort donnée aux animaux appartenant à autrui et les blessures qui leur sont faites qu'autant qu'il s'agit d'un acte volontaire, intentionnel.

13. — Pour achever notre résumé de la législation, il nous reste à parler des cas où soit la mort, soit la blessure des animaux d'autrui, ont été occasionnés involontairement, c'est-à-dire par imprudence, négligence, inattention, maladresse, ou inobservation des règlements de l'autorité publique.

Ces divers cas sont spécifiés aux numéros 2, 3 et 4 de l'article 479 du Code pénal, dont nous allons rapidement et successivement examiner les dispositions. Remarquons toutefois que, pour constituer les contraventions dont il s'agit, il n'est pas indispensable que le fait qui a causé la mort ou blessure des animaux ait eu lieu sans le concours de la volonté de son auteur; il suffit que l'intention n'ait été pour rien dans les résultats qu'a produits ce fait, dans les accidents qu'il a occasionnés. Ajoutons que ces contraventions sont punissables d'une amende de onze à quinze francs inclusivement, et qu'en outre, celle prévue par le n° 3 peut facultativement être réprimée de la peine d'emprisonnement pendant cinq jours au plus.

14. — Le n° 2 de l'art. 479 prévoit le cas où des animaux ont été tués ou blessés soit par l'effet de la divagation des fous ou furieux, ou d'animaux malfaisants ou féroces, soit par la rapidité ou la mauvaise direction ou le chargement excessif de voitures, chevaux, bêtes de trait, de charge ou de monture.

En ce qui concerne la première partie de la disposition, la responsabilité pénale

2.

du fait de divagation des fous ou furieux
est encourue par les personnes sous la garde desquelles ces malheureux sont placés,
et l'on doit considérer comme chargés de
cette garde : 1° ceux auxquels la nature
ou la loi l'impose comme un devoir de fa-
mille ou comme une conséquence de leurs
fonctions; par exemple, l'époux et l'épouse
sont naturellement chargés de la garde de
leur conjoint, et il en est de même des père
et mère quant à l'enfant qu'ils ont conservé
chez eux, et du tuteur qui est tenu de veiller sur son pupille interdit; 2° tous ceux
qui, volontairement, se sont chargés, à un
titre quelconque, de la surveillance que réclame la position d'un aliéné, tels, par
exemple, les chefs ou directeurs, les préposés ou gardiens des établissements publics
ou privés consacrés aux aliénés.

Sous l'empire de l'article 605 du Code du
3 brumaire an IV, et par arrêt du 26 juin
1806, la Cour de cassation a jugé qu'une
femme dont le mari est atteint de démence

ou de fureur est tenue de répondre des dommages qu'il peut causer en état de divagation, et encourt l'application des peines de police. Cette solution a conservé toute son applicabilité depuis le Code pénal de 1810.

15. — Le n° 3 de l'article 479 est relatif à l'emploi ou à l'usage d'armes sans précaution ou avec maladresse, et au jet de pierres ou autres corps durs.

Un bâton doit être considéré comme une arme dans le sens de cette disposition, qui comprend non-seulement les armes à feu ou autres, mais encore tous ustensiles quelconques qui, maniés imprudemment ou maladroitement, sont susceptibles de causer les accidents que la loi a pour but de prévenir et de réprimer. Aussi la Cour de cassation a-t-elle jugé, par arrêt du 29 juin 1821 (*Bulletin crimin.*, n° 282), que l'article 479, n° 3, du Code pénal, est applicable à l'individu qui a occasionné des blessures à un animal appartenant à autrui en se servant d'un bâton pour l'écarter.

Les expressions *corps durs* embrassent dans leur généralité tous corps qui, par leur composition, sont susceptibles d'avoir ou de produire les effets des corps durs, et par conséquent doivent leur être assimilés.

C'est ainsi que, par arrêt du 19 avril 1851 (*Annales des justices de paix*, 1852, p. 22), la Cour de cassation a appliqué la qualification de corps durs à des boulettes de mastic jetées contre les fenêtres d'une maison.

Ainsi encore des fragments de terre gelée ou sèche, des morceaux de glace, des boules de neige, des balles de gomme, etc., doivent être réputés corps durs dans le sens de la loi.

16. — Enfin le n° 4 dudit article comprend dans sa nomenclature la vétusté, la dégradation et le défaut de réparation ou d'entretien des maisons ou édifices ; l'encombrement, l'excavation et toutes autres œuvres sur les voies publiques ou près de ces voies, sans les précautions ou signaux ordonnés ou d'usage.

17. — Suivant arrêt du 15 février 1855 (*Journal du Palais*, 1857, p. 93), la Cour de cassation a jugé que la mort ou la blessure d'un cheval occasionnée par la chute d'un pont établi pour le service d'une route départementale, chute résultant du défaut d'entretien de ce pont, constitue, à la charge du constructeur qui a contracté l'engagement de le tenir constamment en bon état, l'infraction que prévoit le n° 4 de l'article 479 du Code pénal.

18. — La contravention résultant de la chute totale ou partielle d'un édifice existe quel que soit le lieu de la situation de cet édifice ; elle n'est pas subordonnée au cas où il se trouve placé le long de la voie publique : à cet égard, la disposition de la loi est générale, absolue, et ne fait aucune distinction. Les expressions *dans ou près les rues, chemins, places ou voies publiques*, ne s'appliquent qu'à la seconde contravention mentionnée en notre article, celle résultant de l'encombrement ou de l'excavation sans précautions ni signaux.

Mais aucune infraction n'est commise, croyons-nous, si l'accident arrive sur le terrain même où est situé le bâtiment ou mur dont la chute l'occasionne. Celui auquel appartiennent les animaux tués ou blessés a, dans ce cas, à s'imputer le tort de les avoir conduits ou laissés aller en un lieu où il n'avait pas le droit de les mener. En pareille circonstance, le propriétaire de l'édifice ne serait responsable aux yeux de la loi pénale, comme aux yeux de la loi civile elle-même, qu'autant que les animaux auraient été conduits par lui-même, de son aveu, à sa demande, ou pour son service, sur sa propriété.

SECTION 3. — RÉSUMÉ DE LA LÉGISLATION.

19. — En réprimant les mauvais traitements exercés envers les animaux domestiques, la loi du 2 juillet 1850 a heureusement comblé une lacune, mais elle a laissé subsister toute la législation antérieure dont nous venons de faire connaître et d'examiner les dispositions.

En effet, les articles 452, 453 et 454 du Code pénal, sont exclusivement relatifs au cas où des animaux appartenant à autrui ont été empoisonnés ou tués, et même les deux premiers de ces articles ne comprennent pas tous les animaux domestiques dans leur nomenclature.

L'article 30, titre 2, de la loi du 28 septembre-6 octobre 1791, qui prévoit, à la vérité, le fait de simples blessures, n'incrimine ce fait qu'autant qu'il a été commis sur le territoire d'autrui, et ne s'applique restrictivement qu'aux bestiaux et chiens de garde.

Les paragraphes 2, 3 et 4, de l'article 479 du Code pénal, ne protègent également que les animaux d'autrui, et, ne punissant la mort et la blessure de ces animaux que quand elle a été involontaire, laissent nécessairement en dehors de la répression tout fait de mauvais traitements qui ne peut être qu'intentionnel.

Quant à la disposition du § 1er du même article, la loi de 1850 ne la modifie pas, sans doute, puisqu'elle comprend, d'une manière générale, tous dommages légers aux propriétés mobilières d'autrui, quand ils ont été volontaires ; mais il est manifeste qu'elle en restreint l'applicabilité dans la matière qui nous occupe.

Toutes les fois qu'un dommage de cette nature a eu pour cause des cruautés ou mauvais traitements envers un animal domestique appartenant à autrui, soit que la mort de l'animal en ait été la suite, soit que cet animal ait été seulement mutilé ou blessé, il y a lieu d'examiner tout d'abord si l'acte a été à la fois *public* et *abusif;* et, au cas de l'affirmative, étant donné que cet acte ne rentre pas dans la catégorie de ceux que punissent comme délits les articles 452, 453, 454 du Code pénal, et 30, titre 2, de la loi de 1791, il tombe nécessairement sous l'application de la loi du 2 juillet 1850. Mais, si la double circonstance d'*abus* et de *publicité* que cette loi exige ne se rencontre pas, encore que l'une des deux fût existante, le contrevenant encourt les pénalités de l'article 479, § 1ᵉʳ.

Il était indispensable, croyons-nous, que nous fissions connaître cet ensemble de la législation, ainsi que le résumé qui le termine, pour faciliter l'application de la loi du 2 juillet 1850, dont nous allons nous occuper dans les chapitres qui vont suivre.

3

CHAPITRE II.

DES ANIMAUX AUXQUELS LA LOI DE 1850 EST APPLICABLE.

20. — Le projet primitif comprenait dans l'incrimination les actes de cruauté et les mauvais traitements envers les *animaux*, et notamment *les bêtes de trait, de somme ou de monture*.

Tout en indiquant les animaux auxquels il devait plus particulièrement s'appliquer, le projet, comme on le voit, étendait sa protection sur tous, d'une manière générale.

Le texte définitif, plus précis dans ses termes, et qui a été adopté par suite d'un amendement de **M.** Defontaine, n'embrasse que les *animaux domestiques*, les seuls qui se familiarisent avec l'homme, les seuls qui puissent être légalement garantis contre ses brutalités.

21. — Il faut entendre par animaux domestiques, dans le sens de la loi du 2 juillet 1850, non-seulement les animaux des races chevaline, asine, bovine, ovine et caprine, les chiens et les chats, les porcs, mais encore les pigeons de volière, les lapins, les volailles, oiseaux de basse-cour, et autres animaux apprivoisés, ceux enfin qui, comme nous venons de le dire, se familiarisent avec l'homme, et, pour rappeler la définition à la fois si exacte et si complète de l'arrêt de cassation du 14 mars 1861, précédemment cité, qui vivent, s'élèvent, sont nourris, se reproduisent sous son toit et par ses soins. Rappelons ici que ce même arrêt range les vers à soie dans la catégorie des animaux domestiques.

22. — La loi de 1850 reçoit-elle application même au cas où l'auteur des mauvais traitements n'a ni la propriété, ni la garde, ni la conduite de l'animal qui en a été l'objet?

La négative est adoptée par M. Dalloz, *Nouv. Rép. de jurisprud.*, t. 17, p. 519, v° *Dommage*, n° 291. — « La loi de 1850, dit ce jurisconsulte, n'a eu en vue que les mauvais traitements exercés envers les animaux par les propriétaires ou les maîtres eux-mêmes, ou par ceux qui s'en servent ou les ont sous leur garde. Cette loi a voulu punir les maîtres des animaux lorsqu'ils se livrent à un brutal exercice du droit de propriété; elle a voulu mettre un frein, comme cela existe en Angleterre et en Allemagne, à l'omnipotence du propriétaire sur ses animaux, en prenant la défense de ces malheureux serviteurs de l'homme, que d'aveugles colères ou de stupides brutalités punissent, le plus souvent, de ce qu'ils ont, à nous servir, épuisé toutes leurs forces, ou parce qu'ils succombent sous des fardeaux excessifs. »

Nous ne saurions accepter cette opinion. La loi ne distingue pas ; elle prévoit, d'une manière générale et sans restriction, le fait d'avoir maltraité un animal domestique ; et pour rendre ce fait punissable, elle n'exige pas que les mauvais traitements aient été exercés par celui à qui l'animal appartient, qui s'en sert ou est chargé de le conduire ou de le garder. Bien plus, il nous semble que ceux qui frappent, tourmentent, maltraitent, sans nécessité, des animaux dont ils n'ont ni la propriété, ni l'usage, ni la garde, sont plus coupables encore que le maître qui n'a fait qu'abuser de son droit. Sans doute, le législateur a eu plus particulièrement pour but de circonscrire ce droit dans des limites que la raison ne devrait pas permettre de franchir ; mais nous croyons, surtout en pré-

sence d'un texte si absolu, que tout mauvais
traitement, quelle que soit la personne qui
s'en est rendue coupable, tombe sous l'application de la loi.

———————

CHAPITRE III.

CE QU'ON DOIT ENTENDRE PAR MAUVAIS TRAITEMENTS ABUSIFS.

23. — Les mauvais traitements exercés envers les animaux domestiques ne sont punissables qu'autant qu'ils ont été *abusifs*. C'est là une condition essentielle que la loi exige impérativement, et sans laquelle la contravention ne saurait exister.

On ne peut, en effet, considérer comme mauvais traitements susceptibles de répression les corrections nécessaires que le maître inflige à un animal vicieux, ombrageux, paresseux ou rétif, soit pour le dresser ou l'assouplir, soit pour le stimuler dans l'usage rationnel qu'il en fait.

3.

Jusque-là, il n'y a de sa part que l'exercice d'un droit; mais l'abus commence lorsque le châtiment cesse d'être utile ou lorsqu'il est administré avec injustice ou cruauté. Il est alors contraire à la morale comme à l'intérêt matériel du maître lui-même, il est *abusif* enfin dans le sens de la loi que nous expliquons.

La ligne de démarcation est, on le conçoit, difficile à tracer. Pour être sainement entendue, sagement appliquée, la loi réclame de ses interprètes une grande prudence et beaucoup de sagacité.

SECTION PREMIÈRE. — BLESSURES ET COUPS, EXCÈS DE CHARGEMENT, PRIVATION DE NOURRITURE, ET AUTRES ACTES DIRECTS OU INDIRECTS DE VIOLENCE OU DE BRUTALITÉ.

24. — Le projet contenait un article final qui a été supprimé lors de la troisième lecture, et cela avec raison, croyons-nous, car

il avait le tort de renfermer, en les spéciali-
sant, les cas de mauvais traitements dans une
nomenclature nécessairement incomplète et
qui devait laisser en dehors de la répression
beaucoup de faits non prévus. Néanmoins,
comme sur ce point l'esprit de la loi votée est
le même que celui de la loi qui avait été pro-
posée d'abord, nous croyons utile de donner
ici le texte de l'article retranché, qui, en
faisant connaître la pensée du législateur,
facilitera l'application du texte actuel.

« Sont réputés contraventions, actes de
« cruauté et mauvais traitements :

« 1° Les blessures volontaires ;

« 2° Les coups violents et répétés ;

« 3° Le chargement excessif ;

« 4° La privation abusive de nourriture ;

« 5° Les tentatives brutales pour faire re-
« lever les animaux abattus sous les fardeaux,
« sans les dételer ou les décharger ;

« 6°.....

« 7° Enfin, l'action de causer sur la voie
« publique des douleurs et des tourments

« aux animaux, pour leur faire faire des
« efforts au-dessus de leurs moyens. »

Il est bien évident que, malgré le rejet de
cette disposition, tous les faits dont elle contenait la nomenclature constituent des mauvais traitements de la nature de ceux que la
loi votée a entendu punir.

25. — L'homme qui, volontairement, fait
des blessures à un animal domestique, quel
qu'il soit ; le voiturier ou conducteur qui,
comme cela se produit si fréquemment, hé-
las ! ne se bornant pas à stimuler l'ardeur
des chevaux de son attelage, leur porte
des coups violents plus ou moins répétés,
quelquefois avec le manche de son fouet,
non-seulement sur le corps et les jambes,
mais sur la tête, commettent nécessairement des actes de cruauté, infligent à ces
animaux des souffrances que ni leurs droits
comme maîtres ni la nécessité ne rendent
légitimes. Il y a dès lors mauvais traitements abusifs, et par conséquent susceptibles de répression.

26. — Il en est de même des chargements excessifs sous lesquels succombent les malheureuses bêtes.

Tantôt c'est un entrepreneur ou autre industriel qui n'emploie qu'un seul cheval au transport d'un fardeau dont la charge serait déjà suffisante pour deux animaux de cette espèce ; tantôt c'est un maître qui, dans une pensée dont la cupidité ne le cède en rien à l'inintelligence, veut s'assurer, lors d'une montée rapide, l'économie de ce qu'on appelle un cheval de renfort.

27. — Chacun de nous n'est-il pas fréquemment témoin de ces actes révoltants de violence et de brutalité qui consistent à frapper outre mesure des chevaux abattus et quelquefois déjà blessés par leur chute, quand il serait si rationnel et si simple d'ailleurs de commencer par les débarrasser des entraves qui les maintiennent à terre, en les détachant ou en les déchargeant?

De tels faits, qui sont un véritable scandale public, attestent chez l'homme qui s'en rend coupable une incroyable dureté de cœur, et doivent lui faire encourir toutes les sévérités de la loi.

28. — La privation de nourriture, quand elle a été volontaire et manifestement abusive, n'a-t-elle pas à elle seule un caractère de barbarie, qui devient plus grave encore lorsque l'animal qui en a été l'objet est soumis, dans cet état, à un travail rendu d'autant plus pénible pour lui qu'il manque précisément des forces qui lui seraient nécessaires pour l'accomplir?

Suivant arrêt du 5 juin 1862 (*Bulletin crimin.*, p. 225, n° 148), la Cour de cassation a décidé qu'on ne saurait attacher l'incrimination de mauvais traitements, dans le sens de la loi du 2 juillet 1850, au fait par un individu d'avoir laissé son cheval attelé, à la porte d'une auberge, la nuit, sans nourriture, et *peut-être* pendant un temps trop long.

Il ne faudrait pas inférer de cet arrêt que la Cour suprême refuse, d'une manière ab-

solue, de considérer comme mauvais traitements ayant un caractère punissable le fait
de priver un animal domestique de la nourriture dont il a besoin. Nous l'avons dit, ce
fait n'a un tel caractère qu'autant qu'il est le
résultat de la volonté, et que la privation a
été manifestement abusive. Or, dans l'espèce, le procès-verbal ne constatait pas,
d'une part, que l'acte reproché eût été volontaire, et d'autre part, il n'établissait point
qu'il y eût eu abus ni même que l'animal eût
souffert, puisqu'il contenait cette expression
dubitative que le temps pendant lequel le
cheval était resté à la porte avait *peut-être*
été trop long. Le prévenu avait fait preuve
de négligence, d'insouciance, sans doute, on
peut même dire qu'il avait été imprudent;
mais il ne s'était pas rendu coupable de contravention, et nous n'hésitons pas à penser
que, si le fait de volonté et la circonstance
d'abus eussent été parfaitement caractérisés,
la Cour de cassation n'eût déclaré l'infraction existante et la loi applicable.

29. — Du reste, il est deux autres arrêts par lesquels cette Cour, avec la suprême autorité qui s'attache à ses décisions, indique quelle est la portée générale de la loi du 2 juillet 1850, et fixe l'esprit dans lequel elle doit être comprise et appliquée. Ces arrêts, l'un du 22 août 1857 (*Bulletin crimin.*, nº 320), l'autre du 13 août 1858 (*Bulletin crimin.*, p. 374, nº 230), décident que, conçue en ces termes généraux, la loi réprime aussi bien les mauvais traitements exercés publiquement et abusivement envers les animaux domestiques, que ces mauvais traitements résultent *d'actes directs de brutalité ou de violence, ou de tout autre acte volontaire de la part des coupables, quand ces actes ont pour résultat d'occasionner aux animaux des souffrances que la nécessité ne justifie pas.*

La conséquence à tirer de ces solutions, c'est que tout mauvais traitement, qu'il ait été direct ou indirect, quelle que soit la forme sous laquelle il a été exercé, dès l'instant qu'il a été public, est punissable s'il a occasionné aux animaux des souffrances que ne justifie pas la nécessité.

30. — Appliquant ce principe, dans une espèce où la prévention reprochait à un individu d'avoir transporté des veaux entassés dans une voiture, ayant les pieds liés ensemble, et de les y avoir placés de manière que les uns avaient la tête entre les deux civières suspendues au-dessous de la voiture, et les autres la tête pendue en dehors et penchée vers la terre, de manière à leur causer des souffrances pendant un trajet de douze ou quinze heures, l'arrêt du 22 août 1857 a décidé que c'est à bon droit que le prévenu a été condamné à l'amende, par application de la loi du 2 juillet 1850.

L'autre arrêt, du 13 août 1858, intervenu dans une espèce identique, décide qu'un tel mode de transport, qui, pendant un assez long trajet, expose sans nécessité les animaux à des souffrances cruelles, offense la morale publique, et qu'il est dans les termes de la loi du 2 juillet 1850, comme dans son esprit, d'en prévenir et d'en réprimer le scandale.

31. — Il est presque superflu d'ajouter ici que la même doctrine doit être appliquée au transport de tous les autres animaux conduits à l'abattoir ou livrés au commerce, tels notamment les moutons, que l'on entasse quelquefois les uns sur les autres dans des véhicules trop étroits pour les contenir, ou que l'on suspend à une traverse en bois, la tête en bas, et les quatre pieds liés ensemble pour les empêcher de se mouvoir. Aussi combien sont étouffés ou asphyxiés avant d'arriver à leur destination !

32. — Mais il faut bien prendre garde que, si les souffrances abusivement infligées aux animaux domestiques tombent sous la répression de la loi du 2 juillet, il n'en peut être ainsi des actes qui ne sont que des mesures de précaution, et en quelque sorte des violences nécessaires, et n'excèdent pas une juste limite.

Aussi, par un autre arrêt du 13 août 1858 (*Bulletin crimin.*, p. 376, n° 231), la Cour suprême a-t-elle rejeté le pourvoi formé contre un jugement de simple police qui avait relaxé des poursuites un individu prévenu d'avoir transporté dans une voiture des animaux ·ayant les pieds liés, *sans qu'aucune autre circonstance indiquant une souffrance inutile ait été signalée.*

33. — Ne peut être considéré comme mauvais traitement, dans le sens de la loi du 2 juillet 1850, le seul fait par un individu (dans l'espèce, un marchand ambulant) d'avoir été rencontré sur une grande route conduisant une petite voiture chargée de marchandises, et à laquelle était attelé un chien, alors d'ailleurs qu'il n'est point établi qu'une souffrance que la nécessité ne justifierait pas ait été occasionnée à cet animal par une charge excessive. — Cass. 10 novembre 1860 (*Annales des justices de paix*, 1861, p. 151).

34. — Mais on doit regarder comme

mauvais traitements punissables le fait de soumettre des animaux domestiques à un travail qui a eu pour résultat d'amener la réouverture d'anciennes blessures leur faisant éprouver les mêmes souffrances que celles qui seraient produites par des violences ou des coups. — Cass. 17 novembre 1859 (*Annales des justices de paix*, 1860, p. 275).

SECTION 2. — DES COMBATS D'ANIMAUX.

35. — Ceux qui organisent des combats publics d'animaux domestiques se rendent coupables envers ces animaux de mauvais traitements qu'assurément ne commande point la nécessité. Ces luttes sauvages et d'une autre époque, outre qu'elles ont pour résultat inévitable d'occasionner à ces pauvres animaux des souffrances le plus souvent suivies de mort pour plusieurs d'entre eux, ne sont-elles pas essentiellement dé-

moralisatrices et attentatoires aux principes
d'humanité? Et, pour employer les expressions mêmes dont se servait l'honorable général de Grammont pour les flétrir, ne doi-
vent-elles pas être proscrites « comme un
spectacle révoltant qui familiarise l'homme
avec la vue du sang, et fait germer dans le
cœur de l'enfant des habitudes de cruauté
qui influent plus tard sur sa destinée » ?

Sans doute les combats d'animaux ne peuvent avoir lieu dans les villes ou communes
de l'empire sans la permission de l'autorité
administrative, et nous ne doutons pas qu'ils
ne soient partout interdits; mais, à supposer que ce triste spectacle soit donné au public en vertu d'une autorisation régulière,
nous n'hésitons pas à le déclarer illégal,
même dans ce cas, car l'administration ne
peut pas plus autoriser ce que la loi prohibe
et punit qu'elle n'a le pouvoir de défendre
ce que la loi a entendu autoriser.

Notre honorable collègue M. Lancelle,
alors juge de paix du canton de Roubaix,

rendit, le 26 juillet 1852 (*Annales des justices de paix*, 1852-1853, p. 72), un jugement dont nous ne saurions approuver trop ouvertement la saine doctrine. Il s'agit, en l'espèce, d'individus qui, dans un estaminet, avaient fait battre des coqs qu'ils excitaient et qu'ils avaient préalablement armés, comme moyens destructifs, d'ergots artificiels en acier. Le jugement a décidé que par ce fait les prévenus avaient abusivement exercé de mauvais traitements sur des animaux domestiques en leur facilitant le moyen de se blesser et même de s'entre-tuer, sinon par eux-mêmes directement, du moins à l'aide d'un autre animal; et que, dès lors, ils avaient encouru les pénalités édictées par la loi du 2 juillet 1850.

Nous regardons encore cette loi comme devant être appliquée à ceux qui, profitant des instincts agressifs de certains animaux, des chiens, par exemple, se donnent le cruel plaisir de les exciter. Lorsque ces excitations ont eu pour résultat de déterminer entre ces

animaux un combat dans lequel les uns ont
reçu des morsures ou des coups, ou bien, ce
qui arrive très-fréquemment, lorsque tous
ont été plus ou moins grièvement blessés, ce
sont là de véritables mauvais traitements,
abusifs au premier chef, et dont doivent répondre les individus qui les ont occasionnés.

SECTION 3. — DU TIR A L'OIE.

36. — Il est un jeu, cruel entre tous,
qu'on tolère encore en certains villages et
qu'on voit figurer dans le programme des
fêtes publiques, qui nous semble devoir être
impitoyablement frappé de proscription comme immoral. Nous voulons parler du *tir à
l'oie*. Voici en quoi il consiste : une oie (quelquefois c'est un dindon) est suspendue et at-
tachée par le cou, soit à un fil de fer, soit à
une corde placée horizontalement, à hauteur
d'homme, et dont chacune des deux extrémi-
tés est fixée à un poteau. Cette oie est le but

auquel tendent les efforts des joueurs, armés
dans certaines localités d'une carabine, d'un
sabre dans d'autres ; et c'est aussi le prix
qu'on décerne au vainqueur, c'est-à-dire à
celui qui a eu l'adresse de loger une balle
dans le corps de la pauvre bête, ou de la
faire tomber en lui tranchant le cou.

Quand l'animal était mort avant sa sus-
pension, bien que ce soit là un spectacle contre lequel nous ne saurions trop énergique-
ment protester, car il est en complet désac-
cord avec notre civilisation, la loi de 1850
ne peut être invoquée, puisque en réalité au-
cuns mauvais traitements n'ont été exercés.
Mais il en est autrement quand l'oie est atta-
chée *vivante*, comme cela se pratique encore
quelquefois, malheureusement. En un tel cas,
c'est là un divertissement barbare et cruel, à
raison surtout des souffrances qu'on fait
éprouver au pauvre animal pendant la durée
du jeu et jusqu'à ce que la mort l'en vienne
délivrer. Par suite, il faut décider que ceux
qui s'y livrent, soit qu'aucune défense admi-

nistrative ne soit venue l'interdire, soit même, si cela était possible, qu'une autorisation
expresse leur ait été accordée, encourent les
pénalités établies par la loi.

SECTION 4.   DU MODE D'ABAT DES ANIMAUX
DESTINÉS AU COMMERCE DE LA BOUCHERIE
ET A CELUI DE LA CHARCUTERIE.

37. — Le mode employé par les bouchers
ou charcutiers pour abattre les animaux destinés à l'alimentation publique peut-il quelquefois prendre le caractère de mauvais traitements et constituer une infraction à la loi
du 2 juillet 1850 ?

Cette question nous a été soumise, il y a
plusieurs années déjà, à l'occasion du moyen
qu'emploient les bouchers juifs qui, par pa-
renthèse, se considèrent comme des *sacrificateurs*, et dont le nombre est assez considérable, on le sait, dans certains départe-
ments de l'est, moyen qui consiste à égorger

4

les animaux de manière à en faire écouler tout le sang avant que la chair en soit dépecée. Les bouchers juifs se fondent d'ailleurs, pour procéder ainsi, sur les prescriptions de la loi mosaïque.

A supposer que le moyen imposé par Moïse soit de nature à occasionner aux animaux des souffrances plus aiguës et d'une durée plus longue que celle que leur cause le mode suivi par les bouchers chrétiens, mode considéré comme plus expéditif, en ce qu'il consiste à assommer préalablement l'animal avant de le saigner, nous ne pensons pas que la loi de 1850 soit applicable en cette circonstance.

Ce n'est pas assurément que nous reconnaissions aux sacrificateurs juifs le droit de se retrancher derrière la loi religieuse de leur nation : car, fussent-ils étrangers, ils doivent avant tout se conformer aux lois de police françaises, lesquelles obligent, sans exception, tous ceux qui habitent ou résident sur notre territoire ou qui ne font que le parcourir; mais nous ne saurions considérer *a priori* comme mauvais traitements abusifs le mode à l'aide duquel sont abattus les animaux destinés à la nourriture de l'homme. D'ailleurs, et en admettant même que leurs râlements ou gémissements fussent entendus du dehors, le fait même d'abat est presque toujours dépourvu du caractère de publicité qui, comme nous le dirons dans le chapitre suivant, est une circonstance constitutive et sans laquelle nulle contravention ne saurait exister.

38. Il faut en dire autant à l'égard des bouchers et charcutiers, qui n'assomment point les porcs et les égorgent pour en recueillir précieusement le sang. Seulement, et dans l'intérêt de la tranquillité publique, il appartient aux préfets et aux maires de prescrire les mesures qu'ils croient nécessaires pour empêcher que les cris de ces pauvres animaux ne soient entendus.

39. Toutefois un boucher ou charcutier serait, croyons-nous, en contravention, s'il avait le tort d'abattre des animaux à l'aide de moyens qu'il emploierait volontairement avec lenteur et de manière à prolonger manifestement leurs souffrances et leur agonie. Dans cette hypothèse, il faut décider qu'avant de les tuer le boucher aurait bien véritablement exercé sur eux des actes de cruauté, des mauvais traitements inutiles, dès lors abusifs, et punissables par conséquent s'ils ont eu un caractère public.

SECTION 5. — MAUVAIS TRAITEMENTS DIVERS A L'ÉGARD DES VOLAILLES.

40. Plumer des volailles encore vivantes, dépouiller ou écorcher des lapins avant qu'ils aient été tués, c'est contrevenir à la loi du 2 juillet 1850, quand ces faits ont été publics, car c'est infliger et prolonger des souffrances qu'une mort rapide eût épargnées à ces pauvres animaux.

41. Nous avons dit précédemment que

celui dont les récoltes sont endommagées par des volailles puise dans la loi de 1791 le droit de les tuer au moment même du dégât. Mais ce droit ne va pas jusqu'à permettre de faire souffrir les malheureuses bêtes et de les martyriser. A cet égard, qu'il nous soit permis de faire connaître ici une espèce singulière dont nous-même avons été saisi.

Un individu se plaignait depuis longtemps des dévastations que commettaient dans sa propriété les poules d'un voisin qui, paraît-il, ne faisait rien pour les retenir. Il eut alors la singulière idée, disons mieux, la barbarie de leur couper, à l'aide de ciseaux, le dessous du bec. Les pauvres bêtes rentrèrent au logis dans ce piteux état, et leur maître ne connut la mutilation qu'on leur avait fait subir qu'en voyant leur dépérissement rapide, causé, cela se conçoit, par l'impossibilité de manger.

Cité en simple police pour contravention à la loi du 2 juillet 1850, l'auteur d'une telle cruauté, qui d'ailleurs avait été publique,

4.

eut l'audace de se défendre et de soutenir qu'il n'avait fait qu'user d'une faculté légale. Invoquant cet adage : *Qui peut le plus peut le moins*, il ajoutait que le droit de tuer les volailles, afin de préserver ses récoltes, emportait en sa faveur et par voie de conséquence celui de se garantir contre de nouveaux dégâts par quelque moyen que ce fût. Est-il besoin d'ajouter qu'un tel système ne pouvait être accueilli, et que la peine de l'amende ne fût pas la seule que nous infligeâmes à l'outrecuidant et barbare logicien ?

SECTION 5.—MORT D'ANIMAUX
QUI N'APPARTIENNENT PAS A AUTRUI.

42. Le fait par un individu, sans qu'il y ait été contraint par la raison ou la nécessité, de donner volontairement la mort à un animal domestique qui lui appartient, rentre essentiellement dans les dispositions de la loi du 2 juillet 1850. D'une part, ce fait ne

tombe sous l'application d'aucune autre disposition pénale ; et, d'autre part, il serait
souverainement illogique que des actes de
brutalité ou de violence, punissables lorsqu'ils n'ont occasionné que des blessures,
cessassent de l'être quand la mort s'en est
suivie. Cette vérité n'a pas besoin, croyons-
nous, d'une plus ample démonstration.

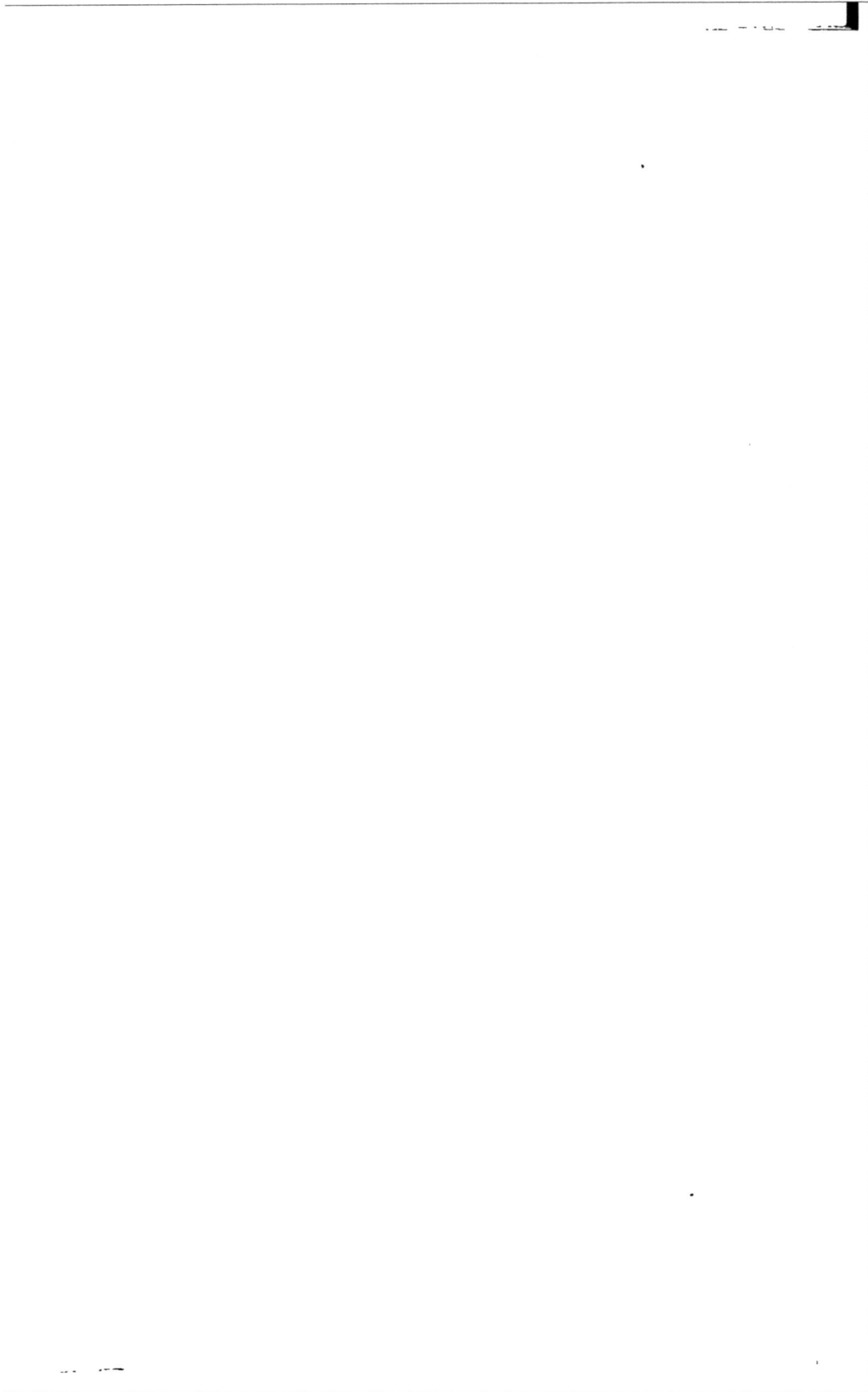

CPAPITRE VI.

DE LA CIRCONSTANCE DE PUBLICITÉ.

43. — La circonstance de publicité est constitutive de la contravention que punit la loi du 2 juillet 1850. Cette loi est formelle, et ne déclare les mauvais traitements punissables qu'autant qu'ils ont été exercés publiquement.

44. — Pour que des actes de cruauté, de barbarie, de brutalité, de violence, dont un animal domestique est l'objet, soient réputés avoir eu la publicité exigée, est-il indispensable qu'ils aient été commis sur la voie publique ou dans tout autre lieu accessible au public?

L'affirmative nous paraît être hors de doute. En introduisant dans la loi le mot *publiquement*, qui ne se trouvait point dans le projet primitif, le législateur a clairement manifesté la pensée que la protection qu'il entendait accorder aux animaux ne pourrait dégénérer en inquisition à l'égard des maîtres. Des mauvais traitements exercés dans une rue, sur une route, un chemin et même dans un champ ouvert, sont punissables, encore qu'il ne s'y trouvât personne au moment où le fait a été commis. Mais quand le fait se produit dans une habitation particulière, dans une cour fermée, même en présence de plusieurs personnes, quelque répréhensible qu'il soit d'ailleurs, il n'a aucun caractère contraventionnel.

45. — Si l'acte est commis dans une cour ouverte sur la voie publique, ou même dans une cour close, mais dont la porte n'est point fermée, il y a contravention : car dans ces deux cas, si personne n'a le droit de s'introduire dans cette cour qui est une propriété privée, le regard du passant peut y pénétrer, et le public peut être ainsi rendu témoin des excès que la loi entend réprimer quand elle n'a pu les prévenir.

46. — Par arrêt du 9 juillet 1853 (*Annales des justices de paix*, 1854, p. 57), la Cour de cassation a décidé qu'un tribunal de simple police saisi de la poursuite d'une infraction à la loi du 2 juillet 1850 a pu, sans commettre une violation de cette loi, et par une appréciation de fait qui échappe à la censure de cette Cour, décider que la publicité exigée pour que les mauvais traitements fussent punissables n'existait pas.

Il ne faudrait pas, ce nous semble, conclure de cette décision que la circonstance de publicité est toujours et dans tous les cas laissée à l'appréciation souveraine du tribunal de répression. Sans doute, lorsque les violences ont été exercées dans un lieu qui n'est pas de sa nature essentiellement public, tel, par exemple, qu'une cour close, pour nous servir de l'exemple que nous venons de citer, le juge de police qui décide que ces violences n'ont pas eu un caractère public apprécie souverainement le fait de publicité ou de non-publicité, et son jugement est à l'abri de toute censure sur ce point de la part de la Cour suprême: car, s'il contient un mal-jugé, ce mal-jugé réside uniquement dans l'appréciation d'un fait. Mais si l'acte qui a motivé la poursuite a eu pour théâtre une place, une rue, un chemin, une route, ou tout autre lieu tenant de sa nature même son caractère public, le jugement qui déciderait que cet acte n'a pas été public, soit parce qu'il ne se trouvait personne au moment où il a été commis, soit par tout autre motif; ce jugement, disons-nous, serait susceptible d'annulation, car dans ce cas le mal-jugé contiendrait une erreur de droit. Lorsqu'un lieu est public de sa nature, il l'est d'une manière absolue, de par la loi en quelque sorte, et indépendamment de toute circonstance de fait.

47. — Citons encore ici un jugement du 18 février 1859 (*Bulletin spécial des décisions des juges de paix*, année 1859, p. 210), par lequel l'honorable juge de paix de Cambrai, M. Lancelle, a fait une judicieuse application de la loi en matière de publicité. Ce jugement décide que le tribunal de simple police saisi de la poursuite dirigée contre un équarisseur prévenu d'avoir laissé, dans son établissement *clos*, des chevaux attachés pendant deux jours et deux nuits sans qu'on leur ait donné de nourriture, doit prononcer le relaxe lorsqu'il est constant et reconnu par le ministère public lui-même que ce fait *abusif* de mauvais traitements *n'a point eu lieu publiquement*.

CHAPITRE V.

DE LA RECHERCHE ET DE LA CONSTATATION DES MAUVAIS TRAITEMENTS.

48. — La loi du 2 juillet 1850 n'a spécialement investi aucun des officiers ou agents de la police judiciaire de la recherche et de la constatation des faits qu'elle entend punir. Il en résulte que cette constatation reste soumise aux règles du droit commun, et doit être faite par les fonctionnaires et agents qui sont chargés de la recherche des contraventions de police en général, c'est-à-dire :

1° Les commissaires de police (Code d'instr. crim., art. 11),

2° Les maires et adjoints (*Ibid.*, art. 11 et 14).

Disons à cet égard que, bien que les arti-

cles 11 et 14 du Code d'instruction criminelle semblent n'accorder compétence aux
maires et adjoints pour la recherche et la
constatation des contraventions qu'autant
qu'il n'existe pas de commissaires de police
dans leurs communes, ou que, s'il en existe,
ces fonctionnaires sont empêchés, la Cour de
cassation a toujours reconnu que la compétence de ceux-là n'est pas subordonnée à l'in-
existence ou à l'empêchement de ceux-ci.
— Arrêts des 6 septembre et 15 décembre
1838 (Dalloz, 1838, p. 476, et 1839, p. 209).

Quant aux adjoints, il importe de le remar-
quer, ce n'est qu'à défaut ou en cas d'empêchement du maire que la loi les appelle à
agir; ils ne sont chargés que de le suppléer.

3° Les sous-officiers, brigadiers de gendarmerie et gendarmes, lesquels ont, aux
termes de l'article 488 du décret impérial du
1er mars 1854, qualité pour constater valablement toutes contraventions de police qu'ils
découvrent, et sont spécialement chargés par
l'article 320 du même décret de verbaliser

contre les auteurs de mauvais traitements envers les animaux domestiques.

49. — Les procès-verbaux des commissaires de police font foi jusqu'à la preuve contraire, car aucune loi ne leur a attribué le privilége d'être crus jusqu'à inscription de faux. — Cass., 30 janvier 1807, 10 mai 1811, 10 mars 1815, 21 février 1822, 1er avril 1826 et 3 juin 1848 (*Bulletin crimin.*, n° 171).

Il en est de même de ceux dressés par les maires ou par les adjoints. — Cass., 5 mars 1818, 1er décembre 1821, 30 mai 1835 (Dalloz, 1835, p. 350), et 10 mai 1845 (Dalloz, 1846, p. 683).

50. — Les procès-verbaux dressés par la gendarmerie ont en justice la même autorité; c'est la disposition formelle de l'article 498 du décret du 1er mars 1854. Et il en est ainsi encore que la constatation ait été faite par un seul gendarme. — *Ibid.*, art. 489.

51. — Pour être valables, réguliers et probants, les procès-verbaux des commissaires de police, ainsi que ceux des maires et adjoints, sont dispensés de l'affirmation, aucune loi ne les ayant soumis à l'accomplissement de cette formalité. — Cass., 10 mars 1815, 5 mars 1818, 1er décembre 1821, 12 juillet 1822, 1er février 1829 (Dalloz, 1829, p. 147), 30 mai 1835 (Dalloz, 1835, p. 350), 10 mai 1845 (Dalloz, 1846, p. 683) et 3 juin 1848 (*Bullet. crimin.*, n° 171).

Il en est de même des procès-verbaux de la gendarmerie, formellement affranchis de l'affirmation par la loi du 17 juillet 1856.

52. — Les contraventions à la loi du 2 juillet 1850 peuvent encore être constatées :

1° Par les officiers de paix que les lois des 21-29 septembre 1791 et 23 floréal an IV ont établis pour le service de la police de la ville de Paris, et qui sont chargés de veiller à la tranquillité publique, de se porter dans les endroits où elle est troublée, et même d'arrêter les délinquants;

2° Par les inspecteurs et appariteurs de police, les sergents de ville, etc., qui sont des agents de l'autorité publique lorsque, par les ordres de l'administration qui les a institués, ils exercent la surveillance à eux confiée.

53. — Les procès-verbaux dressés par les officiers de paix font-ils foi en justice jusqu'à la preuve contraire?

Suivant arrêt du 27 mars 1827 (Dalloz, 1827, p. 110), la Cour de Paris avait adopté la négative, en se fondant sur ce que ces fonctionnaires, n'ayant reçu de la loi du 23 floréal an IV que l'attribution d'un simple droit de surveillance, ne sauraient avoir qualité pour constater valablement les contraventions de police.

Mais cette doctrine, adoptée par M. F. Hélie, *Traité de l'instr. crimin.*, t. 4, p. 286 et 287, et combattue par M. Mangin, *Traité des procès-verb.*, p. 175 et 176, n° 78, a finalement été repoussée par un arrêt de la Cour de cassation du 30 mars 1839 (*J. du Palais*, 1839, t. 2, p. 293), qui décide que, bien que le Code d'instruction criminelle n'ait pas conféré aux officiers de paix le caractère d'officiers de police judiciaire, ces fonctionnaires n'en sont pas moins compétents, dans les limites assignées à leurs fonctions, pour dresser procès-verbal des infractions dont ils constatent l'existence.

54. — Quant aux inspecteurs , appariteurs, agents de police et sergents de ville, le droit de verbaliser en matière de contraventions de police, que leur avait conféré l'article 12, titre 1ᵉʳ de la loi des 19-22 juillet 1791, n'a été maintenu ni par la loi du 3 brumaire an IV, ni par la loi du 28 pluviôse an VIII, ni par le Code d'instruction criminelle actuel. Il en résulte que , dans quelque matière qu'ils interviennent, leurs procès-verbaux n'ont d'autre caractère que celui de dénonciations ou rapports et ne sont pas crus jusqu'à preuve contraire à l'égard des énonciations qui y sont contenues. C'est, du reste, ce que la Cour de cassation a constamment décidé, notamment en ce qui concerne :

Les inspecteurs de police. — Arrêt du 18 février 1858 (*Annales des justices de paix*, 1858, p. 212);

Les sergents de ville. — Arrêts des 30 mars 1839 (Dalloz, 1839, p. 306), 18 octobre 1839 (Dalloz, 1840, p. 320) et 15 octobre 1842 (Dalloz, 1842, p. 422) ;

Les appariteurs et autres agents de police. — Arrêt du 24 février 1855 (*Annales des justices de paix*, 1855, p. 148) ;

Et les gardes de nuit. — Arrêt du 11 décembre 1851 (*Annales des justices de paix*, 1852-1853, p. 338).

55. — Il n'est pas permis de méconnaître que la doctrine qui refuse aux agents dont nous venons de parler en dernier lieu le privilége d'être crus, pour les procès-verbaux qu'ils dressent, jusqu'à la preuve contraire , ne soit parfaitement exacte et en harmonie avec l'état de notre législation , car l'article 154 du Code d'instruction criminelle n'a revêtu de cette autorité que les procès-verbaux des maires, adjoints et commissaires de police, auxquels l'article 498 du décret du 1er mars 1854 est venu joindre ceux de la gendarmerie.

5.

Mais il est regrettable, disons-le, qu'il en soit ainsi ; il n'y aurait aucun inconvénient, ce nous semble, et l'exercice de la police judiciaire ne pourrait que gagner à ce que les sergents de ville, les inspecteurs et les agents de police assermentés fussent investis de la même confiance que les gendarmes et les gardes champêtres communaux. Nous appelons de tous nos vœux une disposition législative qui attribuerait la force probante à leurs constatations, surtout en matière de contraventions de police.

56. – Quoi qu'il en soit, les inspecteurs, sergents de ville, appariteurs et autres agents préposés à la police des cités, n'en doivent pas moins constater les infractions qu'ils découvrent dans l'exercice de leur surveillance, et en faire leur rapport écrit à leurs chefs hiérarchiques, c'est-à-dire le commissaire de police, et dans les lieux où il n'en existe pas, le maire ou ses adjoints. C'est là, du reste, le principal objet de leur mission.

57. — Lorsqu'un tel rapport est suivi de

la poursuite de l'infraction constatée, le tribunal ne peut refuser de la punir sous le prétexte que cet acte n'a aucune force probante. Si l'infraction est avouée par le prévenu, elle doit être réprimée ; et dans le cas de dénégation, le ministère public peut requérir et le juge ordonner, même d'office, l'audition comme témoin de l'agent qui a verbalisé. C'est ce qui résulte de cette première disposition de l'article 154 du Code d'instruction criminelle : « Les contraventions seront prouvées, soit par procès-verbaux ou rapports, soit par témoins à défaut de rapports et procès-verbaux, *ou à leur appui.* »

Aussi la Cour de cassation a-t-elle fréquemment décidé que toutes les fois que le fait objet de la prévention n'est pas tenu pour constant, un tribunal de simple police doit nécessairement accueillir la réquisition de l'officier du ministère public tendante à faire entendre, à l'appui de procès-verbaux ou rapports irréguliers, insuffisants ou nuls, soit les agents qui les ont dressés, soit tous autres témoins dont les déclarations peuvent être utiles à la manifestation de la vérité. — Arrêts des 18 mars et 14 juillet 1854 (*Annales des justices de paix*, 1854, p. 103 et 195), 12 avril 1855 (*Annales*, 1855, p. 257), 8 août 1856 et 9 janvier 1857 (*Annales*, 1857, p. 84 et 206).

58. — Les gardes champêtres, dont le pouvoir est essentiellement limité aux infractions dont la recherche leur a été confiée par la loi de leur institution (celle des 28 septembre–6 octobre 1791) et par l'article 16 du Code d'instruction criminelle, n'ont donc en réalité, et à part certaines attributions qui leur ont été confiées par des lois particulières, compétence qu'à l'égard des contraventions de police et de voirie exclusivement rurales. Toutefois, de même que les divers agents dont nous venons de parler, ils doivent, dans le territoire de leur commune, constater les faits de mauvais traitements envers les animaux qui se commettent en leur présence ou dont ils acquièrent la connaissance dans l'exercice de leur surveillance. Nous disons qu'ils le doivent, car un décret impérial du 11 juin 1806 les oblige, par son article 5, à informer les maires de tout ce qu'ils découvrent de contraire au maintien de l'ordre et de la tranquillité publique. Ajoutons que, si à cet égard leurs rapports n'ont que le caractère de simples renseignements, les gardes doivent être appelés à en attester l'exactitude par leurs dépositions faites à l'audience, sous la foi du serment.

59. — Les seuls sentiments chrétiens dont l'homme est animé devraient le porter à être juste, compatissant et doux à l'égard des animaux qu'il emploie pour son travail ou dont il fait un instrument de ses plaisirs. Il n'en est pas ainsi, sans doute ; mais il est permis de croire que l'exécution intelligente, sérieuse, compléte, de la loi du 2 juillet 1850, l'y contraindrait en définitive et le conduirait progressivement à en contracter l'habitude : on ne saurait nier l'influence des lois pénales pour le ramener aux principes de la loi

naturelle. Or, si dans les localités importan-
tes, où le système de la police est organisé
de telle sorte qu'aucun fait de mauvais trai-
ments, quand il est public, ne puisse échap-
per à ses investigations, il en est autrement
dans les campagnes et sur les routes, où la
surveillance ne peut être aussi active, faute
d'agents en quantité suffisante pour l'exercer.
Nous voudrions donc qu'on pût augmenter
le nombre de ces agents de manière à garantir la constatation de tous les actes de cette
nature, et par suite, à en assurer la répression.

L'existence de la société protectrice des
animaux, qui, on le sait, a été reconnue comme
établissement d'utilité publique par décret de
l'Empereur du 22 décembre 1860, et dont les
utiles services vont toujours croissant, fourni-
rait, il nous semble, le moyen d'atteindre ce
but. Ne serait-il pas possible, en effet, deconfé-
rer à chacun de ses membres le pouvoir de
constater par des procès-verbaux les actes de
violence dont en sa présence un animal do-

mestique aurait été l'objet ? A supposer que
l'on pût craindre que quelques sociétaires se
laissassent aller parfois à des élans de sen-
sibilité exagérée, et à dénoncer comme punissables certains mauvais traitements qui
en réalité ne seraient empreints d'aucun caractère légalement abusif, ne trouverait-on pas
un salutaire correctif dans la faculté d'appréciation dont sont investis et l'officier du ministère public et le tribunal de simple police
auxquels appartient le droit d'examiner, l'un
si les poursuites doivent être exercée, l'autre si les faits qui en sont l'objet tombent
sous l'application de la loi.

60. — Quoi qu'il en soit, tout membre de
la société en présence duquel est commis un
acte de brutalité, faillirait à son devoir s'il
ne s'empressait de le signaler soit à l'agent
qu'il rencontre immédiatemment, soit aux
commissaires de police, maires et adjoints,
que les articles 11 et 14 du Code d'instruction criminelle chargent de recevoir les plain-
tes et dénonciations relatives aux contraven-

tions de police, en ayant soin de faire connaître ses noms, domiciles et qualités,
pour le cas où il serait utile de l'appeler
comme témoin.

CHAPITRE VI.

DE LA POURSUITE ET DE LA RÉPRESSION DES CONTRAVENTIONS.

SECTION 1re.   DE LA POURSUITE.

61. — La poursuite des faits prévus par la loi du 2 juillet 1850, comme celle de toutes autres contraventions de police, appartient au ministère public. — Code d'instr. crim., art. 1er et 145.

62. — Les fonctions du ministère public sont exercées par le commissaire de police du lieu où siége le tribunal, c'est-à-dire de la commune chef-lieu de canton. — *Ibid.*, art. 144.

Lorsqu'il y a plusieurs commissaires de police, le procureur général près la Cour impériale du ressort désigne celui ou ceux d'entre eux qui doivent être chargés du service. — *Ibid.*, art. 144.

Si le commissaire de police est empêché, ou s'il n'y en a point, le ministère public est exercé par le maire de la commune chef-lieu de canton. *Ibid.*, art. 144.

Lorsqu'il y a plusieurs commissaires de police dans cette commune, celui qu'a désigné le procureur général doit, en cas d'empêchement, être remplacé par un de ses collègues, et non par le maire, qui ne peut agir que quand tous les commissaires du chef-lieu sont empêchés. C'est là un point de doctrine parfaitement constant.

63. — Le maire peut, pour l'exercice des fonctions dont il s'agit, se faire remplacer par l'adjoint. — Code d'instr. crimin., art. 144.

Mais il n'est besoin de délégation à cet égard que pour les cas où le maire n'est point empêché. S'il y a empêchement, l'adjoint le remplace en vertu de la loi elle-même qui l'investit, dans ce cas, de l'autorité municipale. — Lois des 21 mars 1831, art. 5, et 5 mai 1855, art. 4.

64. — Quant aux conseillers municipaux, ils ne peuvent jamais être appelés à exercer les fonctions du ministère public lorsque le maire et les adjoints sont empêchés. Dans cette hypothèse, il y aurait lieu de recourir au procureur général pour qu'il désignât un maire ou adjoint de l'une des autres communes du canton. Telle est la jurisprudence de la Cour de cassation, attestée par de nombreux arrêts. — V., entre autres, ceux des 29 février 1828 (Dalloz, 1828, p. 153), 25 février 1830 (Dalloz 1830, p. 141), 3 décembre 1840 (*Annales des justices de paix*, 1re série, t. 5, p. 209, v° *Tribunal de police*, n° 63), 7 et 16 novembre 1844 (Dalloz, 1845, p. 349 et 423) et 28 mai 1852 (*Annales* *des justices de paix*, 1852-1853, p. 198).

65. — La poursuite d'un fait contraventionnel de mauvais traitements envers des animaux domestiques peut aussi être exercée devant le tribunal répressif par citation directe de la partie qui réclame des dommages-intérêts en réparation du préjudice que ce fait lui a occasionné. — Code d'instr. crim., art. 3 et 145.

Mais alors l'officier du ministère public intervient et devient la partie principale, car la réparation du dommage causé, quelque considérable qu'ait été ce dommage, n'est que l'accessoire de la répression pénale qui doit être prononcée pour la vindicte publique : c'est l'application de la règle d'après laquelle l'intérêt général domine toujours l'intérêt privé des individus.

SECTION II.   DE LA RÉPRESSION.

§ 1ᵉʳ. — *Compétence.*

66. — Les faits prévus par la loi du 2 juillet 1850 constituent, à raison des pénalités que cette loi édicte, de simples contraventions. Ce caractère leur est attribué par l'article 137 du Code d'instruction criminelle, d'après lequel les faits qui peuvent donner lieu soit à quinze francs d'amende ou au-dessous, soit à cinq jours d'emprisonnement ou au-dessous, doivent être considérés comme contraventions de police simple.

D'où la conséquence que la répression de ces faits appartient aux tribunaux de simple police. Telle est d'ailleurs la disposition de l'article 138 du même Code.

§ II. — *Pénalités.*

67. — Le texte de la loi du 2 juillet 1850 permet aux tribunaux de se mouvoir entre le minimum de six francs d'amende et le maximum de quinze francs, et les autorise à prononcer, en outre, la peine d'un à cinq jours de prison cumulativement.

Il en résulte que l'amende est obligatoire pour un minimum de six francs au moins, et que l'emprisonnement est purement facultatif : le législateur a laissé au juge le soin de graduer les pénalités selon le degré de gravité du fait poursuivi. Ainsi, celui qui, pour la première fois, est mis en prévention pour mauvais traitements envers un animal domestique, peut n'être condamné qu'au minimum de la peine la plus légère, c'est-à-dire à une simple amende de six francs, de même qu'il peut lui être infligé le maximum des deux pénalités, c'est-à-dire quinze francs d'amende et cinq jours de prison.

§ III. — *Récidive.*

68. — Mais ce que nous venons de dire ne s'applique qu'au cas où il s'agit d'une première contravention. Si le prévenu est en état de récidive, la loi exige que l'emprisonnement soit *toujours* appliqué, ce qui veut dire qu'en outre de l'amende, il doit être prononcé contre lui au moins le minimum d'un jour d'emprisonnement.

69. — On verra tout à l'heure qu'il est une circonstance pourtant où cette peine peut n'être point appliquée, et où le juge de police peut même abaisser l'amende jusqu'à un franc.

70. — En matière de simple police, il est plusieurs espèces de récidives. Ainsi, en ce qui concerne les contraventions mentionnées au Code pénal, la récidive existe dès l'instant que deux infractions ont été commises, pourvu qu'elles rentrent l'une et l'autre dans la catégorie de celles prévues par les articles 471, 475 et 479 de ce Code. Telle est la disposition de l'article 483, § 1ᵉʳ.

Il n'en est point ainsi de celles dont nous nous occupons ici. En ce qui les concerne, la récidive ne peut exister qu'autant que les deux contraventions sont punissables par application de la loi du 2 juillet 1850. Mais il n'est pas besoin que les deux faits aient été *identiques;* il suffit qu'ils soient de même nature, c'est-à-dire que l'un et l'autre constituent des mauvais traitements abusifs envers un animal domestique, quelque dissemblables que puissent être d'ailleurs les violences exercées, et encore qu'elles s'appliquassent à des animaux d'espèces différentes.

71. — Ajoutons que trois autres conditions sont nécessaires pour constituer un contrevenant en état légal de récidive.

La première contravention doit avoir été réprimée par un jugement.

Ce jugement doit avoir été rendu dans les douze mois qui ont précédé la contravention nouvelle, et avoir acquis l'autorité de la chose jugée avant sa perpétration.

Enfin les deux infractions doivent avoir été commises dans le ressort du même tribunal.

Ces conditions sont exigées par la première disposition de l'article 483 du Code pénal, applicable, comme étant de droit commun, dans le silence de la loi du 3 juillet 1850 à cet égard.

72. — Il en résulte :

1° Que c'est non la date de la première contravention, mais la date du jugement par lequel elle a été réprimée, qui sert de point de départ à l'état de récidive résultant de la seconde infraction ;

2° Qu'un jugement encore susceptible d'opposition, d'appel ou de pourvoi en cassation, ou frappé de l'une de ces voies de recours à l'époque où cette infraction est commise, ne peut servir d'élément légal à la récidive ;

6

3° Qu'il ne suffirait pas que la première contravention eût été réprimée par le tribunal saisi de la seconde poursuite, la loi exigeant que la perpétration des deux faits ait eu lieu dans l'étendue territoriale du même ressort juridictionnel.

§ 4. — *Circonstances atténuantes.*

73. — La loi du 2 juillet 1850 porte, dans son alinéa final : « L'article 483 du Code pénal sera toujours applicable. » Cet article contient deux paragraphes distincts. Or c'est du second qu'il s'agit ici, lequel est ainsi conçu : « L'article 463 du présent Code sera applicable à toutes les contraventions ci-dessus indiquées. »

La disposition à laquelle il est ainsi référé autorise le tribunal répressif :

A réduire l'amende et l'emprisonnement que la loi applique au fait incriminé;

A substituer l'amende à l'emprisonnement ;

Et à prononcer séparément l'une ou l'autre peine, lorsque toutes deux sont cumulativement encourues.

Mais dans aucun cas le tribunal ne peut descendre au-dessous du minimum des peines de police, et par conséquent prononcer une amende de moins d'un franc ni un emprisonnement de moins de vingt-quatre heures, qui sont les *minima* établis par les articles 465 et 466 du Code pénal.

74. — Il en résulte qu'à l'égard des contraventions prévues par la loi du 2 juillet 1850, le tribunal peut *toujours*, c'est-à-dire même alors que le prévenu est en état de récidive, ne prononcer que l'emprisonnement sans l'amende, ou que l'amende sans emprisonnement, et même abaisser cette amende au-dessous du minimum fixé par la loi elle-même, pourvu qu'elle ne soit pas inférieure à 1 franc.

75. — Lorsque plusieurs contraventions sont comprises dans une même poursuite, et que des circonstances atténuantes sont reconnues exister à l'égard de toutes, le tribunal violerait la loi en n'infligeant au prévenu qu'une seule amende d'un franc; il ne peut donc se dispenser d'appliquer ce minimum à raison de chacune des infractions qu'il est chargé de punir. C'est là un point qui ne saurait faire difficulté et que la Cour de cassation a consacré par deux arrêts des 18 novembre 1852 (*Annales des justices de paix*, 1853, p. 190) et 8 janvier 1857 (*Annales des justices de paix*, 1857, p. 313).

§ 5. — *Des dépens.*

76. — Le prévenu contre lequel une condamnation est prononcée pour contravention, doit aussi être condamné aux dépens de la poursuite, conformément à l'article 162 du

Code d'instruction criminelle. Et, lorsqu'une personne a été poursuivie comme civilement responsable, cette personne doit elle-même y être condamnée solidairement avec l'auteur du fait réprimé. C'est la disposition formelle de l'article 156 du décret impérial (Tarif criminel) du 18 juin 1811.

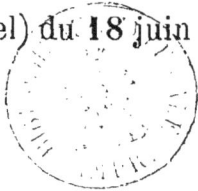

6.

TABLE DES MATIÈRES.

—

5149. — Paris, impr. Jouaust et fils, rue Saint-Honoré, 338.

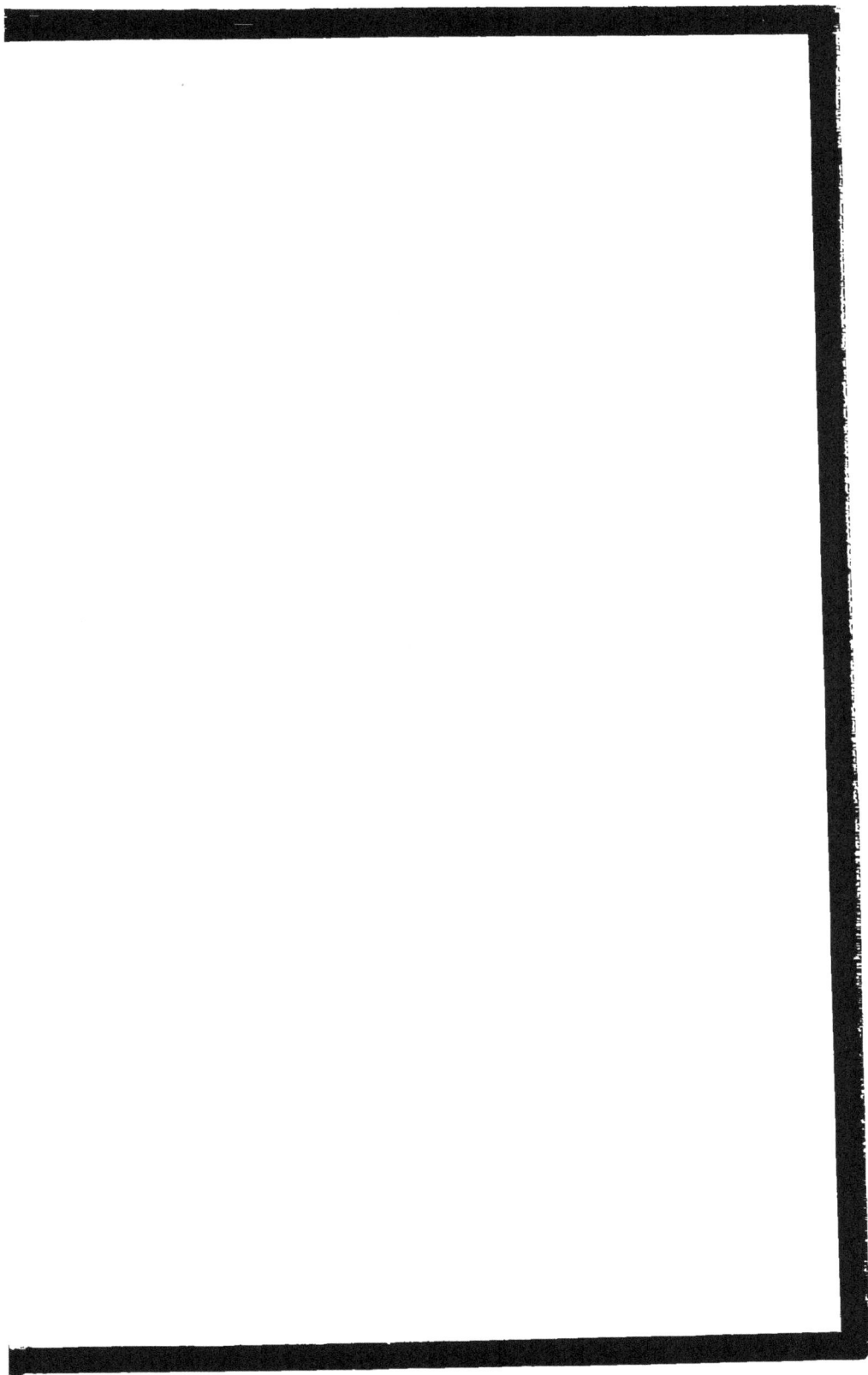

www.ingramcontent.com/pod-product-compliance
Lightning Source LLC
Chambersburg PA
CBHW071200200326
41519CB00018B/5307